Wann und wo wurde es gesagt? ______________

Wer hat es gehört? __________

AF224162

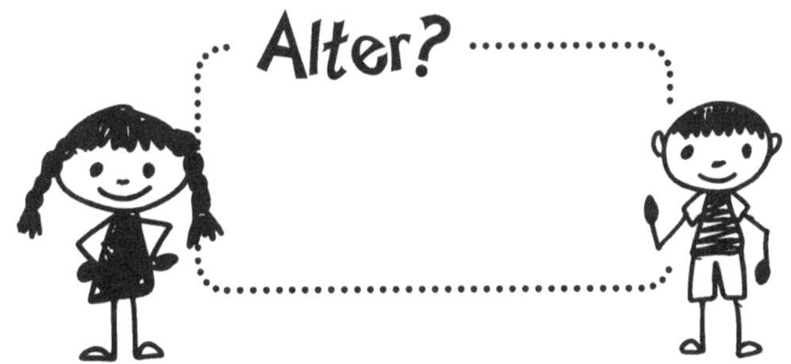

1

Wann und wo wurde es gesagt? _______________   Alter?

Wer hat es gehört? _______________________

"

"

Wann und wo wurde es gesagt? _______________   Alter?

Wer hat es gehört? _______________________

"

"

Wann und wo wurde es gesagt? _________________

Wer hat es gehört? _________________

Alter?

Wann und wo wurde es gesagt? _______________ Alter? ____

Wer hat es gehört? _______________

Wann und wo wurde es gesagt? _______________ Alter? ____

Wer hat es gehört? _______________

Wann und wo wurde es gesagt? _______________________

Wer hat es gehört? _______________________

Alter? ....

Wann und wo wurde es gesagt? _______________ Alter?

Wer hat es gehört? _______________________

„

"

Wann und wo wurde es gesagt? _______________ Alter?

Wer hat es gehört? _______________________

„

"

Wann und wo wurde es gesagt? ______________________

Wer hat es gehört? ______________________

Alter? 

Wann und wo wurde es gesagt? _______________ Alter? ⋯⋯⋯⋯

Wer hat es gehört? _______________________

„

"

Wann und wo wurde es gesagt? _______________ Alter? ⋯⋯⋯⋯

Wer hat es gehört? _______________________

„

"

Wann und wo wurde es gesagt? _______________

Wer hat es gehört? _______________

Wann und wo wurde es gesagt? _______________   Alter?

Wer hat es gehört? _______________________________

"

"

Wann und wo wurde es gesagt? _______________   Alter?

Wer hat es gehört? _______________________________

"

"

Wann und wo wurde es gesagt? ___________
Wer hat es gehört? ___________

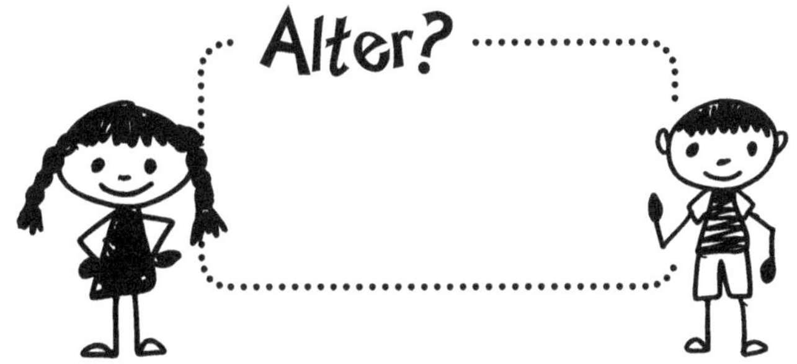

Alter?

Wann und wo wurde es gesagt? _______________ Alter?

Wer hat es gehört? _______________________

„

“

Wann und wo wurde es gesagt? _______________ Alter?

Wer hat es gehört? _______________________

„

“

Wann und wo wurde es gesagt? _______________

Wer hat es gehört? _______________

Alter?

Wann und wo wurde es gesagt? _______________ Alter?

Wer hat es gehört? _______________________

,,

''

Wann und wo wurde es gesagt? _______________ Alter?

Wer hat es gehört? _______________________

,,

''

Wann und wo wurde es gesagt? _______________

Wer hat es gehört? _______________

Alter?

Wann und wo wurde es gesagt? _______________ Alter?

Wer hat es gehört? _______________________

"

"

Wann und wo wurde es gesagt? _______________ Alter?

Wer hat es gehört? _______________________

"

"

 Wann und wo wurde es gesagt? _______________

Wer hat es gehört? _______________

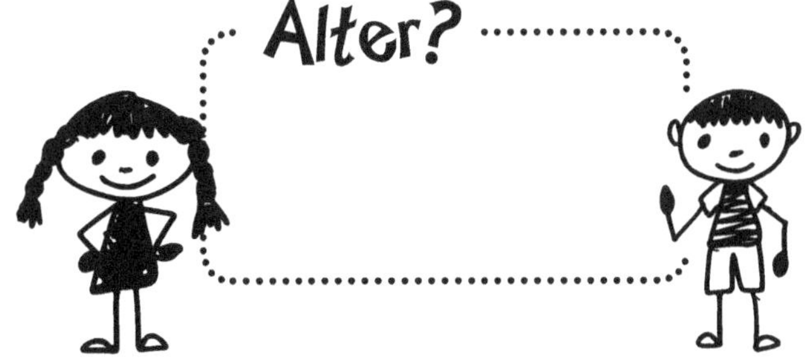

Wann und wo wurde es gesagt? _______________   Alter?

Wer hat es gehört? _______________________

,,

"

Wann und wo wurde es gesagt? _______________   Alter?

Wer hat es gehört? _______________________

,,

"

Wann und wo wurde es gesagt? ______________________

Wer hat es gehört? ______________________

Alter?

Wann und wo wurde es gesagt? _______________ Alter?

Wer hat es gehört? _______________________

„

“

Wann und wo wurde es gesagt? _______________ Alter?

Wer hat es gehört? _______________________

„

“

Wann und wo wurde es gesagt? _______________

Wer hat es gehört? _______________

Alter?

Wann und wo wurde es gesagt? _______________ Alter?

Wer hat es gehört? _______________________

,,

``

Wann und wo wurde es gesagt? _______________ Alter?

Wer hat es gehört? _______________________

,,

``

Wann und wo wurde es gesagt? _______________

Wer hat es gehört? _______________________

Alter?

Wann und wo wurde es gesagt? _______________   Alter?

Wer hat es gehört? _____________________

,,

"

Wann und wo wurde es gesagt? _______________   Alter?

Wer hat es gehört? _____________________

,,

"

Wann und wo wurde es gesagt? _______________

Wer hat es gehört? _______________

Wann und wo wurde es gesagt? _______________ Alter?

Wer hat es gehört? _______________________

,,

Wann und wo wurde es gesagt? _______________ Alter?

Wer hat es gehört? _______________________

,,

Wann und wo wurde es gesagt? ______________________

Wer hat es gehört? ______________________

Alter?

Wann und wo wurde es gesagt? _______________ Alter?

Wer hat es gehört? _______________________

,,

‚‚

Wann und wo wurde es gesagt? _______________ Alter?

Wer hat es gehört? _______________________

,,

‚‚

 Wann und wo wurde es gesagt? _______________

Wer hat es gehört? _______________

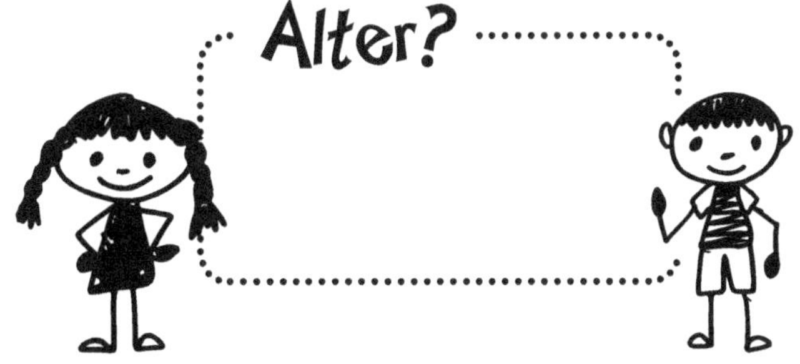

Wann und wo wurde es gesagt? _______________ Alter?

Wer hat es gehört? _____________________

"

"

Wann und wo wurde es gesagt? _______________ Alter?

Wer hat es gehört? _____________________

"

"

Wann und wo wurde es gesagt? _______________

Wer hat es gehört? _______________________________

Alter?

Wann und wo wurde es gesagt? _______________   Alter?

Wer hat es gehört? _______________________

"

"

Wann und wo wurde es gesagt? _______________   Alter?

Wer hat es gehört? _______________________

"

"

Wann und wo wurde es gesagt? _______________________

Wer hat es gehört? _______________________

Alter?

Wann und wo wurde es gesagt? _______________ Alter?

Wer hat es gehört? _______________________

"

"

Wann und wo wurde es gesagt? _______________ Alter?

Wer hat es gehört? _______________________

"

"

Wann und wo wurde es gesagt? _______________________

Wer hat es gehört? _______________________________

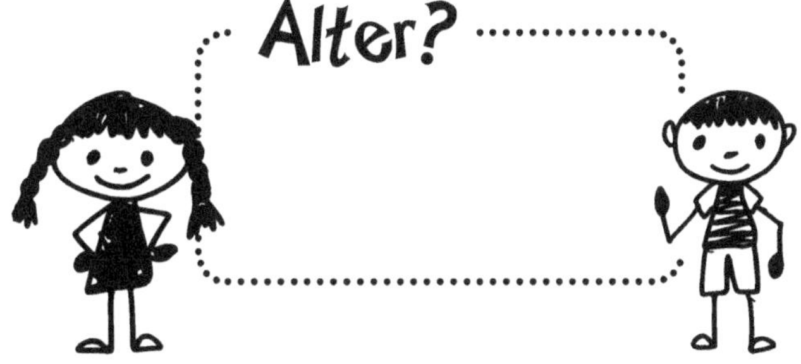

Wann und wo wurde es gesagt? _______________ Alter? ⋯⋯⋯⋯

Wer hat es gehört? _______________________

„

„

Wann und wo wurde es gesagt? _______________ Alter? ⋯⋯⋯⋯

Wer hat es gehört? _______________________

„

„

Wann und wo wurde es gesagt? _______________

Wer hat es gehört? _______________________________

„

"

Alter?

Wann und wo wurde es gesagt? _______________ Alter? ⋯⋯⋯⋯

Wer hat es gehört? ___________________________

„

"

Wann und wo wurde es gesagt? _______________ Alter? ⋯⋯⋯⋯

Wer hat es gehört? ___________________________

„

"

Wann und wo wurde es gesagt? _______________

Wer hat es gehört? _______________

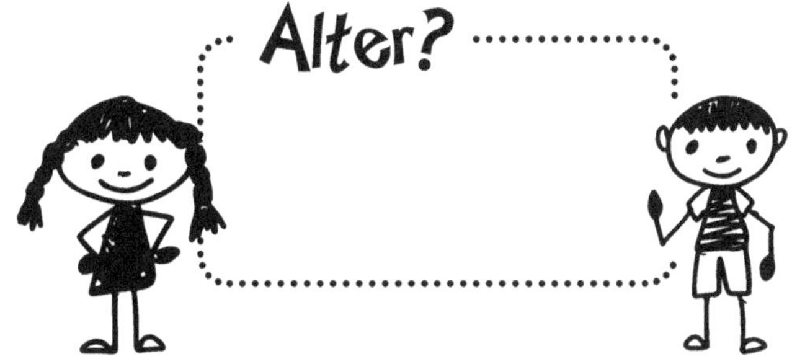

Alter?

Wann und wo wurde es gesagt? _____________ Alter?

Wer hat es gehört? _____________________

",,

Wann und wo wurde es gesagt? _____________ Alter?

Wer hat es gehört? _____________________

",,

Wann und wo wurde es gesagt? _______________________

Wer hat es gehört? _______________________

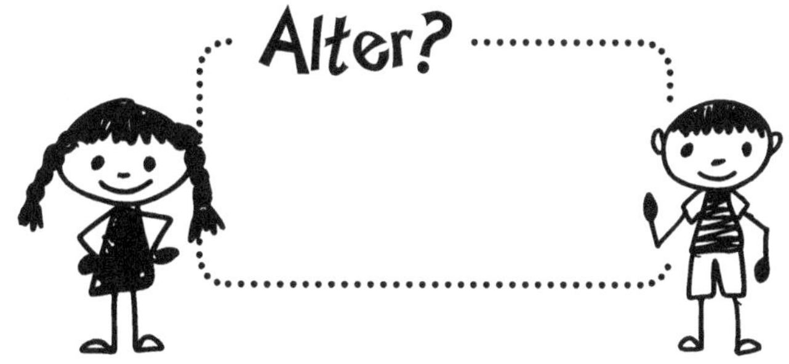

41

Wann und wo wurde es gesagt? _______________ Alter?

Wer hat es gehört? _______________________

"

"

Wann und wo wurde es gesagt? _______________ Alter?

Wer hat es gehört? _______________________

"

"

Wann und wo wurde es gesagt? _______________

Wer hat es gehört? _____________________

Alter?

Wann und wo wurde es gesagt? ______________   Alter?

Wer hat es gehört? ______________________

"

Wann und wo wurde es gesagt? ______________   Alter?

Wer hat es gehört? ______________________

"

Wann und wo wurde es gesagt? __________________

Wer hat es gehört? __________________________

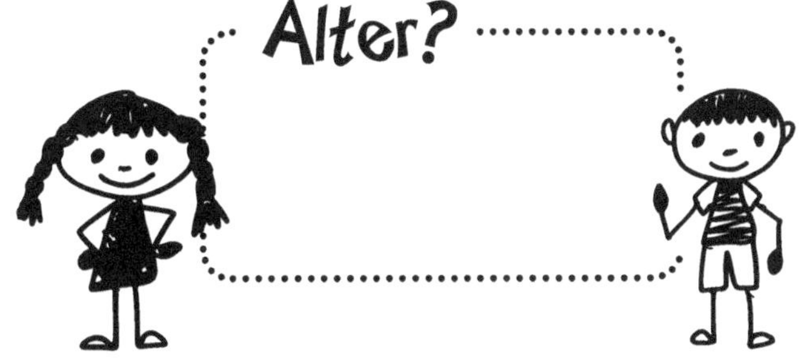

Wann und wo wurde es gesagt? _______________ Alter?

Wer hat es gehört? _______________________

"

____

"

Wann und wo wurde es gesagt? _______________ Alter?

Wer hat es gehört? _______________________

"

____

"

Wann und wo wurde es gesagt? __________
Wer hat es gehört? __________

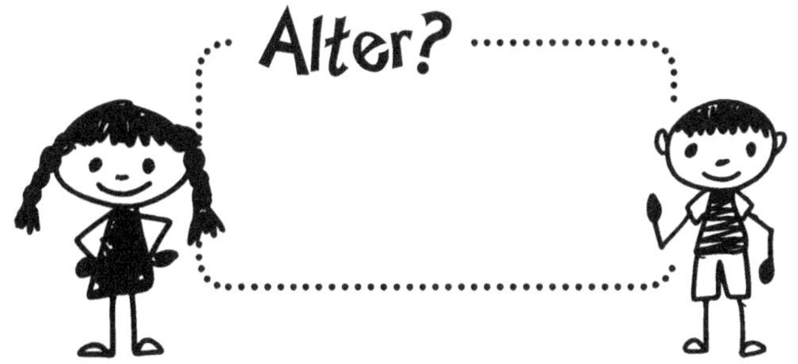

Alter?

Wann und wo wurde es gesagt? _______________ Alter?

Wer hat es gehört? _____________________________

Wann und wo wurde es gesagt? _______________ Alter?

Wer hat es gehört? _____________________________

Wann und wo wurde es gesagt? ____________
Wer hat es gehört? ____________

Alter?

Wann und wo wurde es gesagt? _____________ Alter?

Wer hat es gehört? _____________________

,, ___________________________________

``

Wann und wo wurde es gesagt? _____________ Alter?

Wer hat es gehört? _____________________

,, ___________________________________

``

Wann und wo wurde es gesagt? _______________

Wer hat es gehört? _______________

Alter?

Wann und wo wurde es gesagt? _______________   Alter?

Wer hat es gehört? _______________________

„

"

Wann und wo wurde es gesagt? _______________   Alter?

Wer hat es gehört? _______________________

„

"

Wann und wo wurde es gesagt? _______________________

Wer hat es gehört? _______________________

Wann und wo wurde es gesagt? _______________ Alter? _______________

Wer hat es gehört? _______________________________________

Wann und wo wurde es gesagt? _______________ Alter? _______________

Wer hat es gehört? _______________________________________

Wann und wo wurde es gesagt? _______________

Wer hat es gehört? _______________

Alter?

Wann und wo wurde es gesagt? _______________ Alter?

Wer hat es gehört? _____________________

"

Wann und wo wurde es gesagt? _______________ Alter?

Wer hat es gehört? _____________________

"

Wann und wo wurde es gesagt? _______________

Wer hat es gehört? _______________

"

Alter?

Wann und wo wurde es gesagt? _______________   Alter?

Wer hat es gehört? _______________

,,

"

Wann und wo wurde es gesagt? _______________   Alter?

Wer hat es gehört? _______________

,,

"

Wann und wo wurde es gesagt? _______________

Wer hat es gehört? _______________

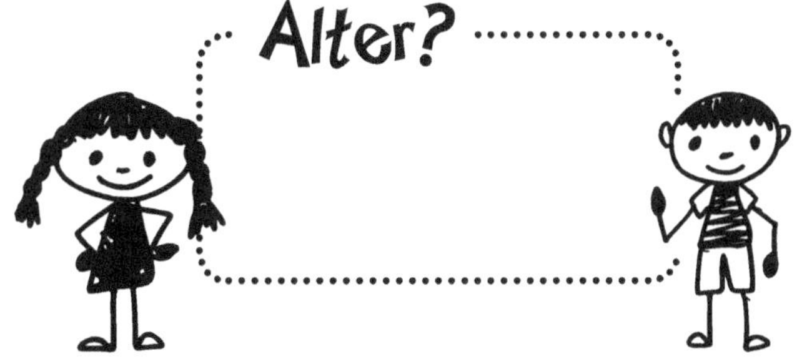

Wann und wo wurde es gesagt? _______________ Alter?

Wer hat es gehört? _______________________

"

"

Wann und wo wurde es gesagt? _______________ Alter?

Wer hat es gehört? _______________________

"

"

Wann und wo wurde es gesagt? _______________

Wer hat es gehört? _______________

Alter?

Wann und wo wurde es gesagt? _______________ Alter?

Wer hat es gehört? _______________________

,,

"

Wann und wo wurde es gesagt? _______________ Alter?

Wer hat es gehört? _______________________

,,

"

Wann und wo wurde es gesagt? ________________
Wer hat es gehört? ________________

Alter?

Wann und wo wurde es gesagt? _____________ Alter?

Wer hat es gehört? _____________________

,,

''

Wann und wo wurde es gesagt? _____________ Alter?

Wer hat es gehört? _____________________

,,

''

Wann und wo wurde es gesagt? _______________

Wer hat es gehört? _______________________

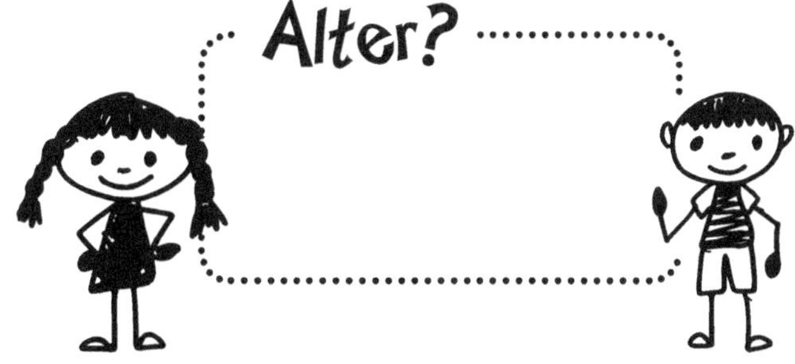

Alter?

Wann und wo wurde es gesagt? ______________ Alter?

Wer hat es gehört? ______________________

99

66

Wann und wo wurde es gesagt? _______________

Wer hat es gehört? _______________________

Alter?

Wann und wo wurde es gesagt? _______________ Alter?

Wer hat es gehört? _______________________

,,

"

Wann und wo wurde es gesagt? _______________ Alter?

Wer hat es gehört? _______________________

,,

"

Wann und wo wurde es gesagt? _______________________

Wer hat es gehört? _________________________________

Alter?

Wann und wo wurde es gesagt? _____________   Alter?

Wer hat es gehört? _____________________

,, ____

____ ""

~~~~~   ~~~~~

Wann und wo wurde es gesagt? _____________   Alter?

Wer hat es gehört? _____________________

,, ____

____ ""
~~~~~

Wann und wo wurde es gesagt? _________________

Wer hat es gehört? _________________

,,

„

71

Wann und wo wurde es gesagt? _______________ Alter?

Wer hat es gehört? ____________________________

,,

"

Wann und wo wurde es gesagt? _______________ Alter?

Wer hat es gehört? ____________________________

,,

"

Wann und wo wurde es gesagt? _______________

Wer hat es gehört? _______________________

Wann und wo wurde es gesagt? _______________   Alter?

Wer hat es gehört? _______________________

"

"

Wann und wo wurde es gesagt? _______________   Alter?

Wer hat es gehört? _______________________

"

"

Wann und wo wurde es gesagt? _______________

Wer hat es gehört? _______________

Alter?

Wann und wo wurde es gesagt? _____________

Wer hat es gehört? _____________________

Wann und wo wurde es gesagt? _____________ Alter?

Wer hat es gehört? _____________________

Wann und wo wurde es gesagt? _______________

Wer hat es gehört? _______________

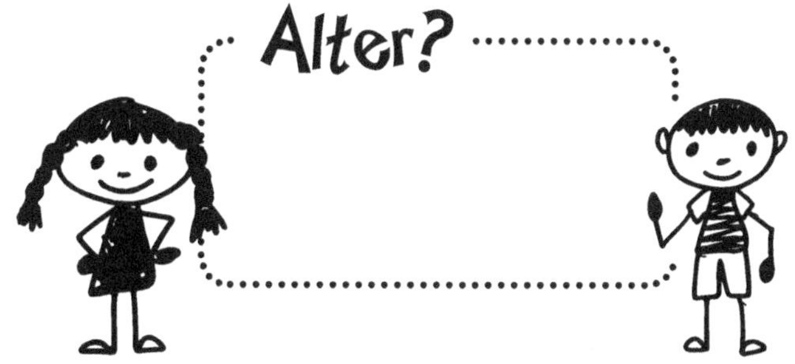

Wann und wo wurde es gesagt? _______________   Alter?

Wer hat es gehört? _____________________________

"

"

Wann und wo wurde es gesagt? _______________   Alter?

Wer hat es gehört? _____________________________

"

"

Wann und wo wurde es gesagt? _______________

Wer hat es gehört? _______________

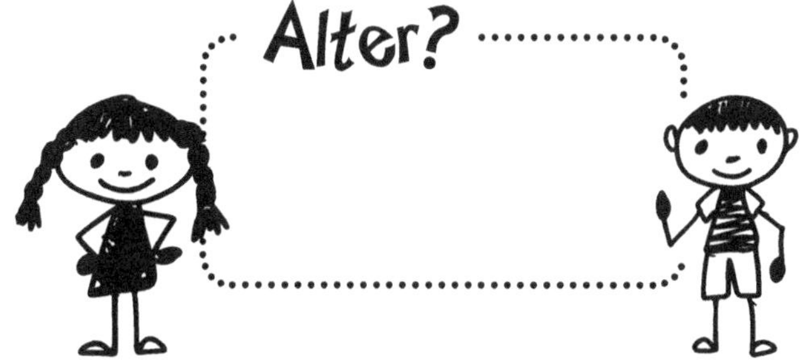

Wann und wo wurde es gesagt? _______________   Alter?

Wer hat es gehört? _________________________

"

""

Wann und wo wurde es gesagt? _______________   Alter?

Wer hat es gehört? _________________________

"

""

Wann und wo wurde es gesagt? _______________

Wer hat es gehört? _______________

Alter?

Wann und wo wurde es gesagt? _______________   Alter?

Wer hat es gehört? _______________

,,
"

Wann und wo wurde es gesagt? _______________   Alter?

Wer hat es gehört? _______________

,,
"

Wann und wo wurde es gesagt? _______________

Wer hat es gehört? _______________

Wann und wo wurde es gesagt? _____________ Alter?

Wer hat es gehört? _____________________

Wann und wo wurde es gesagt? _______________

Wer hat es gehört? _______________________________

Wann und wo wurde es gesagt? _______________ Alter?

Wer hat es gehört? _______________________

„

＿＿＿＿＿＿＿＿＿＿＿＿＿＿＿＿＿＿＿

Wann und wo wurde es gesagt? _______________ Alter?

Wer hat es gehört? _______________________

„

Wann und wo wurde es gesagt? _______________________

Wer hat es gehört? _______________________

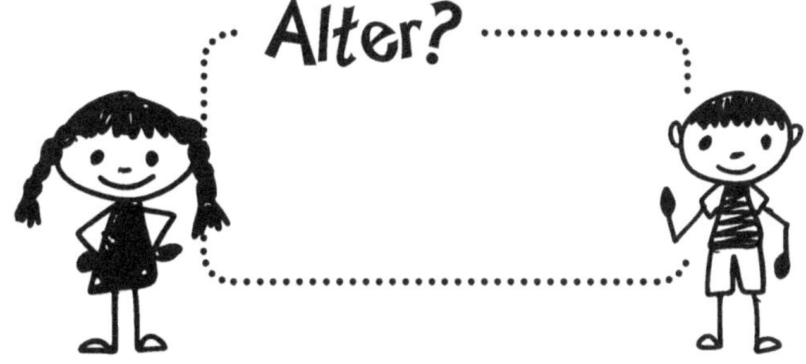

Wann und wo wurde es gesagt? _______________ Alter?

Wer hat es gehört? _______________________

Wann und wo wurde es gesagt? _______________ Alter?

Wer hat es gehört? _______________________

Wann und wo wurde es gesagt? _______________

Wer hat es gehört? _______________

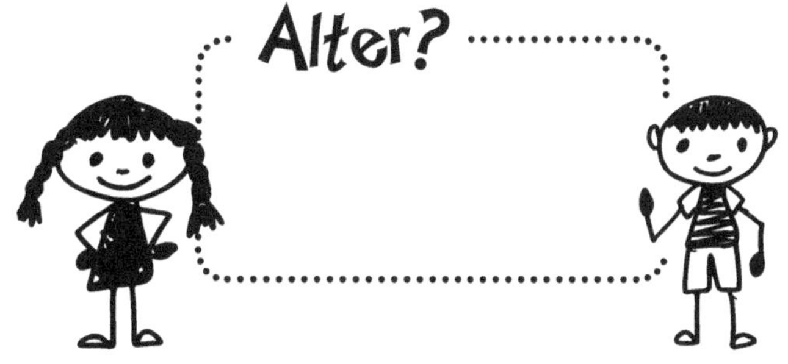

Alter?

Wann und wo wurde es gesagt? _____________ Alter?

Wer hat es gehört? _____________________

"

"

Wann und wo wurde es gesagt? _____________ Alter?

Wer hat es gehört? _____________________

"

"

Wann und wo wurde es gesagt? _______________

Wer hat es gehört? _______________

Alter?

Wann und wo wurde es gesagt? ___________ Alter?

Wer hat es gehört? ___________

"

,,

Wann und wo wurde es gesagt? ___________ Alter?

Wer hat es gehört? ___________

"

,,

Wann und wo wurde es gesagt? _______________

Wer hat es gehört? _______________________

Alter?

Wann und wo wurde es gesagt? _______________ Alter?

Wer hat es gehört? _____________________

"

"

Wann und wo wurde es gesagt? _______________ Alter?

Wer hat es gehört? _____________________

"

"

Wann und wo wurde es gesagt? _______________

Wer hat es gehört? _______________________

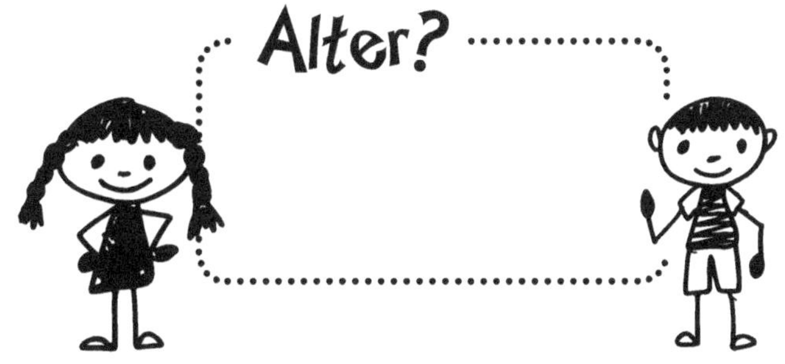

Wann und wo wurde es gesagt? _______________ Alter? ⋯⋯⋯⋯

Wer hat es gehört? _______________________

„

"

Wann und wo wurde es gesagt? _______________ Alter? ⋯⋯⋯⋯

Wer hat es gehört? _______________________

„

"

Wann und wo wurde es gesagt? __________________

Wer hat es gehört? __________________

Alter?

Wann und wo wurde es gesagt? _______________ Alter?

Wer hat es gehört? _______________

"

"

Wann und wo wurde es gesagt? _______________ Alter?

Wer hat es gehört? _______________

"

"

Wann und wo wurde es gesagt? _______________________

Wer hat es gehört? _______________________

Wann und wo wurde es gesagt? _______________ Alter?

Wer hat es gehört? _________________________

"

"

Wann und wo wurde es gesagt? _______________ Alter?

Wer hat es gehört? _________________________

"

"

Wann und wo wurde es gesagt? ____________________

Wer hat es gehört? ____________________

Alter?

Wann und wo wurde es gesagt? _____________ Alter?

Wer hat es gehört? _____________________

„

“

Wann und wo wurde es gesagt? _____________ Alter?

Wer hat es gehört? _____________________

„

“

Wann und wo wurde es gesagt? _______________

Wer hat es gehört? _______________________

Alter?

Wann und wo wurde es gesagt? _______________ Alter?

Wer hat es gehört? _______________________________

"

"

Wann und wo wurde es gesagt? _______________ Alter?

Wer hat es gehört? _______________________________

"

"

www.ingramcontent.com/pod-product-compliance
Lightning Source LLC
Chambersburg PA
CBHW061746050726

47598CB00002B/613